JN440172

나무들의 권리장전

주로진 시집

문학의전당 시인선
0326

나무들의 권리장전

주로진 시집

문학의전당

시인의 말

시집 한 권으로
나무들의 삶과
나무에 대한 변호를 한다 했지만
아쉬움은 줄어들지 않은 채
여기서 멈추게 되었다.

나무에게 고맙고 미안하다.

2020년 6월
주로진

차례

제2부

제3부

제4부

제1부

나무들의 권리장전

지구별은
물 바람 공기와 동거하며
나무들과 인간이 공생하는 곳

서로를 의지하며
서로를 희생하며
자연이라는 이름으로 살아간다

꽃 한 송이 피우기 전에
함부로 거세하지 말라
겨우내 품고 견뎌온 봄빛 꿈을
거세하지 말라

나무들에게도 사랑하며
번식할 권리가 있다

한 알의 씨

상수리 한 알이 허공에 던져졌다
어미의 배꼽에서 떨어져 나와
어딘가로 가고 있었다

처음엔 당황했고 다음엔 원망했고
그다음엔 낯익은 바람에 안기어 설레기도 했다

담비가 데려다준 나뭇잎 이불 속
어머니 품처럼 아늑했다

무서움도 서러움도
한겨울 깊은 잠에 시들어버리고
첫눈을 떴을 때
커다란 나무들 사이로
파란 하늘이 보였다

봄바람의 따스한 언어들이
익명처럼 들려왔다

산밤나무

연둣빛 꽃자루 줄줄이 늘어뜨린 산밤나무
떠들썩하게 꽃을 피우고
줄줄이 오줌을 지려
온 산에 소문 파다하다
꽃자루마다 두 알 세 알 종밤을 심어
뭇 벌레들을 불러들인다
어떻게 알았을까
바구미는 지린내가 알밤의 단맛이라는 걸
벌레가 맛본 밤이 더 달고 맛있다
가마니 가마니
잘 여문 알밤을 쏟아놓는 산밤나무
온 산 식구들이 먹고도 남는다
통통 여물지 않으면
잠근 문을 열지 않는 밤송이
행여 쭉정이를 보이고 싶지 않은,
이유가 있다

서리꽃

한라산 구상나무 숲이 하얗게
섬섬한 서리 옷을 지어입고
선계에 들었나
티끌 하나 배어 있지 않다

궁극의 저편에서 밀려오는 냉엄한 향연
서슬 푸른 구상나무 침엽 끝
빛의 맹아가 뱉어놓은
상고대의 푸르름이여

이 아름다움은 어디에서 왔는가
누가 지상으로 보내었는가

저 뼈 시린 눈부심은
늦가을 찬바람의 사생아이거나
초겨울의 신생아들일 터

바람과 대기의 심오한 순환

오직 한 호흡인,
그 결빙의 결박이 눈부시다

이파리

아슬히
가지 끝이나
벼랑에 매달려
한 날의 공기와 바람
천공을 읽는 이파리들

한 짐의 날개
한 소쿠리의 햇살
한 바랑의 바람

한 그루 나무에서 뛰어내린
절망이여
안식이여
적막이여

뿌리를 핥고 있는 진흙이여!

다가새와 참깨죽나무

옛집 울타리 참깨죽나무는 고명딸 시집보낼 때 예쁜 장롱을 짜주려고 아버지가 심은 나무다. 해마다 가지에 깃들어 집을 짓고 새끼를 치는 다가새, 나의 옛집은 다가새와 참깨죽나무와 함께 자라난 집이다.

막냇동생이 대여섯 살 때쯤, 한번은 학교에서 돌아오는데 다가새 부부가 높은 깨죽나무 위를 이리저리 뛰어다니며 동네가 떠들썩하게 울부짖고 있었다. 어린 남동생은 새 새끼를 찾아오라고 땅을 뒹굴며 떼를 쓰고,

다가새 부부와 우리가 집을 비운 사이 시망스런 동네 아이가 갓 눈뜬 새끼들을 꺼내간 것이다. 나는 울상이고 형들이 그 애 집을 찾아가서 새 새끼를 둥지에 얹어 주고서야 동생도 어미아비 다가새도 조용했다. 저녁노을이 눈부신 날이었다.

단단하고 속살이 빠알간 무늬의 나의 참깨죽나무는 그때 이후 아버지가 돌아가시고 덩실하던 새 둥지도 다시는 다가새를 불러들이지 않았다.

소나무 칸타타—전야제

건장한 소나무들이 나라의 부름을 받아
어미의 품을 떠나야 한다고
머리띠 허리끈을 모두 풀고 전야제를 벌인다
밤안개 실루엣은 나무를 휘감으며
끊어질 듯 이어지고 끊어질 듯
숨 막히는 정적,
훨훨 살풀이춤이 이어진다

언제 부름을 받을지 몰라 적송 미인송들
한시도 소홀함 없이 살아왔다
불타버린 숭례문 600년의 역사
그때 쓰인 소나무들 그 시간은 얼마인가
이제 그 뒤를 잇기 위해
하산을 해야만 한다

이 밤이 다하도록 얇게 드리운 운무는
잊고 지냈던 이름들을 하나하나
무한허공에 써 내려간다

융단처럼 고운 밤하늘이 애틋하다
하늘과 땅, 밤바람까지도 너울너울
춤사위의 찬연한 밤이 깊어가고 있다

소나무 칸타타—합창

북을 쳐라 나팔을 불어라
우리는 송강리 붉은 소나무들
수많은 외침과 전란에도
스스로를 지켰다
대대로 물려받은 이 숲에서
숱한 폭풍과 우박과 사나운 빗줄기들도
우리를 삼키지 못했다
곧은 줄기와 살진 뼈를
꺾거나 할퀴지 않았다
핑크빛 입술 쭉쭉 뻗은 몸,
하늘을 거울삼아
늠름한 품격을 갖추며 살았지
뽀오얀 뭉게구름 보드라운 안개
우윳빛 너울을 꿈꾸듯 감싸고
송홧가루 어화어화
산들바람에 실어 보내며
유혹하는 날
우리 서로 얼마나 황홀했던가

우리는 미송 적송 금강 소나무들
어허라 둥둥 어화둥둥

소나무 칸타타—안녕

동트기 전 어스름이 군무를 추기 시작한다
큰 바람줄기엔 큰 칼을 시원스레 뺀고
잔바람엔 우아하게 안으로 모은 춤사위
새벽공기가 바람을 가르며 절도 있게 검무를 춘다
서릿발 같은 위엄과
절제된 이별의 슬픔이 화합한다

우리의 봄은 해마다
겨울의 냉기를 갓 벗어놓은 몸으로
눈 시리고 마음 저리도록 푸른 자태였다
여름은 또 얼마나 가슴 벅차고 뜨거웠던가
사철 얼굴색 하나 변하지 않는 푸르름
그동안 무엇을 먹고 무슨 생각을 하며
촘촘히 살아왔는지
명명백백 밝혀질 때를 맞이했다
안녕! 모두 안녕

유서 깊은 골짜기의 목소리여 안녕

우리의 갈증과 마음에 평화를 준
돌부리를 치고 올라온 물방울도 안녕
새들의 지저귐과 버섯들과 이끼들과
동물들의 짝을 찾는 노래도 안녕
밤낮없이 보살피던 발자국도 안녕
산문을 지키던 표지석도 안녕 안녕
한 줄기 회오리가 사라진다

소나무 칸타타—환생

님이시여 님은
이제 들숨과 날숨으로 사는
유한한 생명체가 아니니이다
생시의 패기와 지기로 꿈꾸어오던
아름다운 미래를 사는 것입니다
몸속 깊이 새겨진
생전의 발자취를 읽히며
영원을 살 것입니다 마침내
피안의 세계에 도달하였습니다
죽는다는 건 다시 태어난다는 것
빈 배를 불리는 그릇으로
영혼을 울리고 정화시키는 현악기로
때로는 자신의 몸을 깎고 다듬어
신의 형상들까지
이제 유려한 숭례문으로 환생하였습니다
한 그루 한 그루가 모여 이룬 완벽한 성채
둥그런 기둥과 대들보 서까래들
날아갈 듯한 처마의 기상은 또 얼마나

화려하고 힘찬 아름다움인지요
찬란한 역사의 채색 옷을 입고
정토의 세계에 들어
영원을 사는 복록을 누리소서

생명의 나무

한 자루의 촛불이 일렁이면
온 산야의 생명이 약동합니다
한 자루의 촛불이 타 올라갈 땐
온 호수의 수분이 증발합니다
한 자루의 촛불이 자지러질 듯 타들어 가면
온 바다의 파도가 범람합니다

생명의 나무*에서

한 자루의 촛불이 출렁이는 시간엔
찬란한 별들이 출현하고
한 자루의 촛불이 심지 돋울 땐
우주의 행성들이 충돌합니다
한 자루의 촛불이 우주의 끝에 매달릴 때
온 생명이 찰나로 부서지는,
환희의 절정입니다

---

* 클림트, 〈생명의 나무〉에서 차용.

깨죽나무

너는 내 유년의 실종이다
아비가 고명딸 장롱 짜주려고
울타리 가득 심으실 땐
파릇한 어린 나무였다
아비를 잃고 내 유년은 실종되었다
아무것도 모르는 듯 너는
무성히 가지를 뻗고
몸통을 튼실하게 키우고 있었으나
나의 유년은 다시 오지 않았다
내 어린 날은 이렇게
무늬와 향기가 빼어난
한 종의 나무에 머물고
갑자기 어른이 되어 울지도 못했다
깨죽나무야 너는 나에게
아비의 시간이 멈춘 표상이며
잃어버린 내 유년의 현상이다
속 깊고 눈 붉은 나의 깨죽나무야

나무 집들이

식목일에 나무를 심고 얻어온 어린 솔 몇 그루
아파트 베란다로 이사를 왔다
이 아파트가 서 있는 곳도 본래는 나무들의 집터
그들을 내쫓고 들어앉아 주인행세를 한다

예쁜 화분도 사고
가지런하게 거름망과 자갈을 깔고 마사토 위에
작은 솔을 앉히고
촉촉한 흙을 젖무덤처럼 얹어 다독인다

창밖엔 봄비가 내리고 있다
오늘 심은 나무도 얼마나 좋아할까
창문을 열어 반가운 빗소리도 들이고
살가운 바람도 불러들여 나무 집들이를 한다
늘 가꾸고 싶었던
맘 가운데 자리 잡고 있는 소나무였다

내 전화번호부 중심에 자리 잡은 소나무도 있다

큰아들 번호엔 적송, 그리고 다른 자녀들의
이름을 대신한 나무들은 미송, 주목, 상수리, 자귀,
잣나무, 앵두나무, 측백, 쌍향수, 자작나무, 이팝나무
전화번호부를 한가득 채운 나의 나무들이다

오늘 심은 나의 소나무
튼실한 솔방울을 맺게 하리라

세한도

눈부신 백색 세상에
귀양 온 초가 한 채
저 흰빛은 어디서 왔나
무의식이 깨어나
무한공간을 충동질한다
발자국이 흠이 될까
한 발 내딛을 수 없는
백지 같은 저 설원
몇 발 앞 키 큰 나무도
그림자 드리우지 않는다
뒤편에서 평생
까치집 하나 들이지 못한
굽고 굽은 늙은 소나무
천리 명이 하늘이라서
벽에 마음의 창문 동그랗게 표시해놓고
적막이
더 깊은 정적을 재고 있는가

제2부

목화석

나무의 비문을 읽는다

흑암에 묻히는 순간
수족마저 다 내어주고 내뱉은
탄식

그때는 몰랐겠다,

불을 끌어안고
기꺼이 산화(散華)해

영원을 살게 될 줄……

우듬지

풍향에 몸을 맡기고
곧게 중심을 세우려 위로 위로 솟아오른다

우주의 소리에 조응하며
뿌리와 몸통 잎새들의 열망을
가지마다 생장의 속도와 존재 이유를
혁혁한 모습으로 완성시킨다

눈앞에 펼쳐진 초록 바다와
거울 같은 하늘 사이에서
행여 어떤 모순에 꺾이어 숨 놓을 새라
굳은 심지 곧추세우고
하늘을 우러른다

광활하다 무한하다
우듬지의 세계

언제 무슨 일이 벌어질지 모르는 허공,

한 그루 나무에게 고통이 따른다 해도
그 자리는 지켜내야만 한다

창공을 누리는 세상에서 성운의 순리를
꽃으로 살아간다

헌책 한 권

점심때를 한참 넘긴, 허름한 청년
분식가게를 주춤주춤 들어서서 헌책 한 권을 내민다
헌책방 주인처럼 아줌마는
김밥 한 줄과 선심 쓰듯 맞바꾼다

김밥 한 줄이
청년의 허기에 밑줄을 친다

갑자기 허기가 몰려왔다
사막을 건너는 허기다
사방 바람이 등 떠미는 허기다
눈도 뜰 수 없는, 앞도 안 보이는 허기다
다 읽지 않은 돈왕 3권은 허기진 나무였다

살아서는 배곯은 적 없는 나무였다
새들이 둥지를 틀고 새끼를 치는
머루 다래가 주렁주렁 그네를 타는
매미들의 노랫소리 쟁쟁한, 배부른 나무였다

99페이지에서 멈춰선 그의 책갈피,
공복인 뱃속보다 더 깊은 허기를 안고 갔을
빈손의 청년,
책 뒷면에 적힌 한 줄의 고백이
뒤늦은 미안함을 전하고 있다

"나는 이 책을 김밥 하나로 샀다"

권리장전—흙

지렁이들은 다 어디로 갔나
그들이 삼켰다 내보낸 분변토가
내 몸을 기름지게 했다
고구마를 살찌우고 유채꽃들을 노랗게
나의 후덕한 속마음을 드러내주었다
한 해도 거르지 않고 부리는 인간의 이기,
농약과 전착제*를 뿌려대고 있다
눈이 멀고 피폐해진 내 몸
신음하는 걸 보라
나에겐 쉴 권리가 있다

---

* 전착제: 농약이 작물이나 병충해에 잘 달라붙어 효과를 발휘하도록 살포액에 섞어서 쓰는 약제. 농약을 오래 유지시키려고 뿌림.

권리장전—공기

나는 흙에서 올려 보낸 입김과
하늘에서 내려 보내는 기운으로 순환한다
프레온 가스를 내게 보내지 마라
오존층을 파괴하지 말라
이는 너희의 눈과 피부를 상하게 할 뿐이다
햇빛을 찬란한 나의 빛으로 만들 권리가 있다
공장 유해가스도 내게 보내지 말라
새들은 나의 영역에서 끝없이 날갯짓을 하고
인간이 숨 쉴 곳을 만들어주는 것이
나의 의무다

권리장전—바다

나는 쓰레기 플라스틱을 먹지 않을 권리가 있다
내가 키운 물고기들을 혼란시키지 마라
견고하고 아름다운 산호와 해초를 누비며
산란을 하고 먹이를 좇는 내 자식들이
비닐을 먹고 플라스틱을 먹는다
어부들이 버린 그물에 걸려 죽어가고 있다
과식으로 죽은 바다거북 뱃속엔 플라스틱 225조각
굶어 죽은 고래상어 뱃속에선 46cm 비닐 한 장,
플라스틱은 쪼개지고 쪼개져
미세플라스틱을 먹은 물고기가 인간을 삼킨다
나는 어머니 바다, 바다 어머니다

권리장전—강

나는 강이다
굽이굽이 흐를 권리가 있다
가두지 마라
저수지가 아니니
머무르지 않은
끝없는 여행을 할 것이다
바다와 하나의 물이 될 때까지
각종 폐수를 내게 보내지 마라
물고기 다슬기를 먹여야 하고
새들의 쉼터도 되어야 한다
내겐 맑은 물을 가질 권리가 있다

권리장전—GMO

내가 아닌 나를 고발한다
지금 어느 실험실에선 무슨 일을 하고 있나
나는 나다 너희 맘대로
내 유전자를 변형하고 재조합하지 말라
내 유전자는 스스로 진화할 것이다
생산 증식을 위한 문명 활동이라 변호하는가
풍요로 위장된 재앙을 내포하고 있다
생태계를 교란시킬 변종은 문명의 충돌,
이 시대에 대한 협박이고 문명의 마지막 시험이다
나 GMO*, 결국 너희의 염색체를 손상시킬 것이다

* GMO(Genetically Modified Organism): 유전자 변형 생물. 생명공학 기술을 이용하여 유전자를 인위적으로 변형시킨 새로운 생물.

타르 먹은 들풀

한해살이풀들이 타르를 먹은 듯 처참하다
철로변에 터를 잡은 들풀에게조차
제초제를 먹여야 했나
논밭을 피해 날아든 풀씨들
자투리땅이라고 안심했을 저들도
생명체이고 피조물이다
예전엔 소와 닭들이 좋아했던 풀인데
이젠 그들도 시간 맞춰 사료를 먹는다
인간들이 인간을 위해 만들어
인간의 게으른 손이 뿌려댄 제초제,
6.25 당시 DDT에 오늘의 희귀병과
기형이 나오는 것을 보고도 모르는가
역사 한 귀퉁이에서 웃자란 풀들에게
제초제를 꼭 써야만 했는가

카오스

큰 태풍이 북한산을 덮쳤다
산길은 없고 물길 바람길만 남았다
한 시절을 뜨겁게 살아낸 나무들도
뿌리를 드러내고
풀잎은 몸을 한껏 낮춘다
감춰졌던 문명의 병 조각도
어느 착취가 박아놓은 쇠못도 드러났다
숨어 있던 내면을 뼈째 드러낸 북한산

물소리가 서늘하다
물소리가 손끝에서부터 혈관을 타고 올라와
심장까지 적신다
아무것도 방해받지 않은
절대적 자유
홀로 먼 곳으로부터 떨어져 나와
우주의 첫날을 맞이한 듯하다

팔을 벌려 숲의 호흡을 온몸으로 받아들인다

첫 호흡이 심장을 뚫고 들어오고
새로운 자아가 숨을 내쉰다
딱따구리는 나무의 속살을 밖으로 내놓으며
새 삶을 준비한다

물길 바람길만 남은 북한산이
태초의 모습으로 돌아왔다

바람의 변주

바람의 영혼이 나무의 육체를
때때로 울고 웃게 만든다
바람이 간지러워 웃고
바람에 휘고도 배꼽을 잡고 웃었다
어미 나무가 허공에서 고개를 흔들어댈 때도
생가지를 부러뜨리며 바람과 맞설 때에도
자꾸만 웃었다

빗방울이 얼굴을 때릴 때도 웃고
먹구름 떼를 보고도 양산처럼 웃고
새들도 웃는 노래만 부르는 것 같아
나비도 팔랑팔랑 웃고
내가 나온 세상이 눈물 천지인지도 모르고 웃었다
즐거워서 웃고 무서워도 어허허허 웃고
웃는데 왜, 눈물이 나는지도 모르고 웃었다

그리고 울었다 첫 몸이 틀 때 울었다
무슨 죄를 지었나 싶어 울고

무슨 죄가 올 것 같아 울고
생리가 뭔지 몰라 울고 울고,
꽃몸 트일 때 엉엉 울었다
꽃빛이 핏빛이어서 울었다
꽃잎이 생리를 입고 와서 울고
꽃물이 향기로워 울었다

사랑하는 일이 서러워서 울었다
그 눈물이 달아서 웃었다
겨드랑이로 들어온 바람
원초적 본능 소스라치게 깨어나는
바람의 변주는 나무의 변주
카멜레온처럼 생존의 변죽들이
지극히, 원시적이다

왕버들

도산서원에 들어서자
왕버들 두 그루에 휩싸인다
몇백 년의 시간이 사분사분 살아
눈과 귀를 놓칠 않는다
대어른 나무의 높이 솟은 풍모,
아름드리 몸을 비틀며 옆으로 옆으로
열 발 스무 발 뻗은 가지에
주먹만 한 옹이들
잠 못 이룬 밤 고뇌의 흔적들이리라
퇴계의 학문과 덕행이 깃든 서원,
어머니 나무의 앞가슴과 치마폭엔
엄함과 인자함이
오랫동안 체벌을 다독인 침묵이 깊다
어머니 나무와 대어른 나무
지극히 높고 넓게 자리하고 있는
위엄 앞에서 말을 잃고
헤아릴 수 없는 시공을 잠시 유영한다
감히 왕버들 대어른의 몸에

귀 기울인다
앞 강 노 젓는 나룻배
노랫가락도 잊은 지 오래인 듯
오래 묵은 고요, 아득하다
절명한 고요에 내 마음 깊어라 깊어라

기억

숲 한 꾸러미가 내 집에 왔다
뿌리내렸던 땅을 처음 떠난
굴참나무 숲
유리 수반에 가지런히 세워두고
물도 넉넉히 부어 주었다

쩌억 갈라진 몸으로 물을 먹으며
천둥에 놀란 소리 나뭇잎 바람 스치는 소리
자신의 몸에 밴 소리를 들려준다
숲의 공기와 물을 내뿜으며
살아왔던 시간들을 구술한다

어느 땅에 떨어진 도토리 한 알이
모자 사이로 빼꼼히 얼굴을 내밀며 시작했던 생
때론 휘몰아치는 태풍과 맞서고
삭풍을 견디느라 몸을 촘촘히 세워가면서
오롯이 자신의 시간을 기록했다

천오백 도의 불꽃 속에서 더욱 뜨겁게 살아남은
나이테, 나이테들
경외의 기억이
지나온 길을 돌아보게 한다

새싹

어둠 속에서도 생명은 약동한다
단단한 껍질 속
햇빛 한번 보지 않은 씨알
생명은 빛을 향해
어둠을 뚫고 탄생한다
흑암에서 빛으로
연초록의 얼굴을 내밀었을 때
새싹이라는 이름을 얻고
해야 할 일이 무엇인지를 알았다
어디를 바라봐야 하는지도
바라보는 곳이 곧 길이라는 것도 알았다
달을 보며 얼굴의 표정을 짓고
별을 심는 마음으로
밤에도 성장을 멈추지 않는
나의 새싹이여

제3부

백지

그는 먹는다
내 시간을 먹고
그 시간의 빵이 되는 일을 먹고
그 빵이 만든 끼니를 먹는다
내 끼니 안에 든 비린내를 먹고
굴욕을 먹는다
그는 사유를 먹고 은유를 먹는다
소화되지 않은 것을 자주 꺼내어 먹는다
먹히는 건 아프다 그러나
먹히지 않으면 오래 소화되지 않은 일들로
더 많이 아프다
오늘도 무인도 하나를 통째로 먹는다
해저에 가라앉은 녹슨 쇠붙이를 건져 먹는다
그는 나를 먹고 산다

사과나무

풍요롭고 평화로운 에덴동산의 사과나무
그것은 약속이었다
절대자와 인간과의 관계의 약속
생육하고 번성케 하리라는 축복의 약속이었다
우주의 절대적 관계와 질서의 상징인 사과나무
그러나 불끈하는 욕망을 탐하는 순간
세상의 첫 유혹이 되었다

뱀은 사과처럼 볼우물이 예쁜 이브의
빨간 마음을 먼저 먹었다
탐욕스런 뱀에게 먹히고 만
이브의 빨강이 순간
사과의 유혹을 따먹었다
먹지 말라는 하필 그 열매를
뱀은 이브를 이브는 사과를
아담은 유혹을 먹고 원죄를 낳았다

백설공주에게 독사과는

마녀의 욕망과 질투였다
아프로디테가 받은 황금사과
권력과 사랑 사이의 갈등을 낳고
증오와 전쟁을 일으켰다
솔로몬에게 사과나무 그늘은
첫사랑이 잉태된 곳이다
파우스트는 발푸르기스의 밤 사과나무 정원에서
사랑과 행복에 젖는 꿈을 꾸었다

황제의 상징인 제국의 사과
절대권력이고 권력의 무상함이기도 하다
빌헬름 텔 아들의 머리 위의 사과는
부자간의 믿음과 용기의 화살로서
자유와 독립을 쏘아 올렸다

뉴턴은 떨어지는 한 알의 사과에서 만유인력
우주의 질서를 깨달았다
내일 세상의 종말이 온다면 오늘 사과나무를 심겠다는

루터에겐 신을 향한 인간 본질의 회복이다

음악의 한 시대를 갈랐던 비틀즈의 풋사과,
애플은 한입 베어 먹은 사과로 산업의 혁명이 되었다
잡스가 정원에 심은 사과나무는
세상을 바꾸려는 갈망, 새로운 질서를 꿈꾸는 도전이었고
무한 네트워크 세상에서 새로운 연결이고 관계이다

사과나무는 사랑과 풍요, 생명을 꿈꾸면서
질서를 만들어가는
시대의 아이콘이며
인류의 역사가 되어간다

절규

얼음을 깨고 온 저 햇살
봄볕은 수천 개의 발가락을 가진
욕망의 덫

겨울옷을 훌훌 벗어던진
봄바람, 수만 벌 오색치마를 두른
유혹의 겹치마

영롱한 햇살과
형형색색의 바람
갈망의 두루마리

오, 살갗을 파고드는
피할 수조차 없는
새파란 절규

복사꽃 열망

바람 창을 열면
웅크리고 있던 내 안의 복숭아나무 한 그루
꽃망울 쏟아져 나오느라
아우성이다

초록 혀를 안으로 접어두고
잉태의 주술을 잔뜩 머금은 꽃의 말은
겨우내 참고 견딘,
들끓는 번식의 유전자들이다

찬란한 봄물이여
내 몸 안에 갇혀 지낸 열망이여

복사꽃 아롱아롱

불꽃놀이처럼
화알짝 피어나거라

탄화목

화마가 휩쓸고 간 자리
검은 재 위에
미처 떠나지 못한 영혼의
혼령처럼 서 있다

몸통만 작달막하게 남은 숯나무들
빗물을 걸러
깊은 뿌리의 졸음을 깨우고 있다

붙박이로서만 존재할 수 있는
순한 풀과 나무들

하늘의 뜻을 단 한 번도
거스른 적 없는

탄화목들이여

가로수를 위한 변호

나는 은행나무다
처음 보는 빌딩 숲에서 햇빛은 잠깐이고
숨이 막혔다 그러나 곧 이겨낼 수 있었다
봄엔 연둣빛 이파리로 햇살을 유혹
숨죽이며 사랑의 불꽃을 피웠지
진초록 여름이 절정에 이르렀을 때
조랑조랑 열매를 매달아 행인들의 관심과
무성한 그늘 드리워 고마움을 샀지
온통 콘크리트 덮인 곳
쾌쾌한 냄새에 시달리면서도
요령껏 더러워진 물을 걸러 먹고
매연과도 싸웠다
찌든 도심에도 가을은 왔다
한껏 나의 가을을 노래할 량으로
노란 열매로 치장을 했지
그렇게 긍정의 시간도 잠깐,
이젠 저들의 눈치를 본다
인간들의 온갖 구린 것들을 정화시키느라

때로는 목말라 죽을 지경이어도
열정을 다 쏟아부었는데
그런 나의 결실이 똥보다 더 구리단다
암나무는 다 뽑아낸단다
우리의 사랑을 이렇게 말살해도 되는 걸까

탱자나무

너의 가시와 향기
겉모습과 속살이 대조적이다
열매보다 가시가 몇백 배 많은데도
가시나무가 아닌 탱자나무라 부른다
옛 어른들은 널 가지째 꺾어
대문에 걸어두고 전염병과 악귀를 쫓는
민간신앙의 한 방편이었다
가시투성이라는 이유로
중죄인을 가두는 생울타리가 되어
위리안치의 도구가 되었던
탱자나무야
너는 나에게 내 남동생의
두드러기를 다스렸던 약나무였고
우렁이와 다슬기를 까먹는
독기 없는 유익한 가시였다
초록 가시, 너의 초록 피의 가시는
상처의 곪은 곳을 찢고 짜내는
치유의 가시였다

구유

유서 깊은 산사에서
오백 명 분의 밥을 담을 수 있는
커다란 구유를 본다

문득, 한 아기가 태어난
마구간 구유가 다가온다

사원과 마구간
성찰과 예지가
같은 하늘에 떠 있다

구유, 통나무로 만들어진 나무 구유
보이는 세계와 보이지 않는
상징들이
인류를 떠받치고 있다

실뿌리

어둡고
목이 마르다
내가 살 길은
물을 놓치지 않는 일
물은 자꾸
더 깊은 곳으로 달아난다

아비에게서 떨어져 나왔으니, 이젠
내 힘으로 살아가야 한다
발을 좀 더 뻗어야겠는데
거칠고 걸림돌이 많다
불거진 돌을 감싸고 바위 밑
쉴 만한 곳을 찾는다
굴 안에서 흙을 묽게 점액질을 만들어
촉촉이 발과 발가락에 바르고
지렁이처럼 집터를 넓혀간다

실뿌리가 제법

사방에 머리를 두었다
무언가 되기에 충분한 기반이다
이제 나의 의지의 줄기를 세우고
숲의 어엿한 일원이 될 것이다
태초의 뿌리는 어디에서 왔을까

나룻배와 피아노

물길과 소리의 집을 떠돌던
낡은 나룻배와 피아노
마을 앞 나무 아래 마주하고 있다
도도히 흐르는 강, 육지에 세워진 가옥
서로 다른 길 위의 떠돌이들이었다
숲에서 헤어졌던 저들이
언제 어떻게 다시 만나 무성한
어른 나무 넓은 뜨락에 들었는가
수많은 뮤지션들의 고뇌와 사랑을
울고 웃게 했을 희고 검은 건반들,
노를 맥없이 내려놓은 나무배는
온갖 바람을 실어 나르던
그 시간도 잊은 듯 고요하다
단 한 번도 동거할 수 없었을 저들에게
격정의 계절은 얼마나 뜨거웠을까
미움과 절망의 밤은 또 얼마나 더디었을까
이들을 내려다보고 있는
팽나무의 넉넉한 시선이 안연하다

나룻배와 목관악기 피아노
두 길의 끝이 맞닿아 있다

미안한 마음

어머니가 보살피다 두고 간 야윈 화분을
오래 돌보지 못했다
어머니 잃은 슬픔에 모른 체했다

그렇게 한겨울을 밖에 두었다
꽃샘추위에도 그냥 두었다
그렇게 잊혀갔다

꿈속에서조차 뜸한
어머니 생각을 하다가 문득
그 화분, 죽은 줄만 알았던 양란이
어머니가 해마다 껴입힌 옷겹 속에서
얼굴을 내밀고 있었다

미안한 마음*이
무정한 마음을 탓하듯

한 줌 햇빛도 없는 구석에서

낯익은 발자국 소리 들리지 않아 시들어가는
시들어 목이 꺾이는
그런 봄날

어머니 남긴 양란 덕분에
나는 비로소 마음의 수의(壽衣)를 벗을 수 있었다

---

* 함민복 시인의 산문집 제목.

창궐

그는 이곳저곳 바람과 불을 나른다
그걸 꺼뜨리지 않고 잠재우지 않으려
집단을 찾아가고
철통같은 불온을 부추겨 기침을 일으키고
체온을 가열시켜 죽게 만든다
각 나라들이 겁먹고 문을 걸어 잠근다
회색도시들은 더 짙은 그늘을 내어걸고 있다
전동차 버스들이 마스크를 쓰고
산수유 매화 진달래들이
아무도 봐주는 이 없다고
향기조차 내보내지 않는다
그는, 일상을 바꾸어놓았다
집 밖을 나가지 못하니
골프채가 먼지를 날리고
아이들은 학원과 과제에서 벗어나
가족들이 한 상에서
엄마가 해주는 밥을 먹는다
오 년 전에 왔을 때보다 그는 더 사나워졌다

점점 거침없이 출현하는 바이러스,
이는 신이 인류의 수를 조절하고 있음인가
인간의 온갖 과부하를 막는 도구일지도 모른다
그러나 신종 바이러스라 해도
극복하려는 의지의 열정은 꺾지 못한다
봄이 지나가면 여름이 오듯
도둑같이 왔다가 연기처럼 사라지고 말
그, 다시는 뒤돌아보지 않기를

더 창궐

그는 침묵이었다
바람과 불을 나르던
족적 있는 침묵 그 침묵은 무다
모든 유는 무에서 왔다가
무로 되돌아간다

그는 영혼의 하수인이다
전염병, 육체의 고통일 수는 있으나
영혼까지 잠식시킬 수는 없는 일
내 몸은 창궐의 포로가 되어
가두려고 할수록 심연은
더 깊고 넓은 하늘과 세상을 만난다

가리어졌던 나라와 인심이 드러나고
가짜와 진짜의 민낯이 명백해졌다
어제까지 겨누던 총알이 휴전을 하고
뭇 나라 사람들이 한마음 되어
적과도 망설임 없이 손을 잡는다

사랑의 강물이 도도히 흐르고 있다

무자비한 팬데믹 떼죽음
쌓여가는 죽음을 묻을 땅이 모자라는가
섬 하나를 무덤으로 만드는 걸 보고
벚나무들은 금줄을 치고 조기를 내어걸었다
만발한 유채밭 꽃숭어리들은
땅에 엎드려 노랗게 노오랗게 조문을 한다

더 창궐, 죽음의 유희여
어서 온갖 불신과 화해를 하라
무로 돌아가라 흔적을 지우리라
청정한 생명체들만 세세토록
정직한 광영의 세기를 이어 이어가리라

해바라기

태양의 열정도 점점 식어가고
시월의 고개가 무겁겠다

이제 바라볼 수도
더 이상 따라갈 수도 없어

머리를 푹 숙이고
그림자만 되뇌고 있는가

의지와 숭배의 결실,
태양의 씨알들을 갈무리 중인가

몇 개 남은 꽃잎 귀 열어두고
오직 태양 하나만을 좇아온
헤아릴 수 없는 사랑의 여정이여

열망의 불꽃들이
세상 어두운 그늘을 밝힌다

제4부

지팡이

똑 똑 걷는다
눈이 없어도 길잡이가 되어 걷는다
입귀가 없어도 길동무가 되어 걸어간다

그는 곁다리 발이다
그러나 혼자서는 걸을 수 없다
힘이 다하여 두 발로도 걷지 못하는
그런 다리를 위한 외발이다

아득히 먼 길
굽은 허리와 마지막 동행을 한다
저물녘 귀퉁이 길의 길잡이,
전생에선 한 발짝도 떼지 못한 나무였다

나무지팡이
늙으신 어머니 보폭보다
똑, 똑, 한 발 앞서 간다

새순

나는 천 년 묵은 고목의 눈이다
내 몸 99%는 이미 이승을 떠났고
단 하나 남은 새순 나의 맑은 눈
햇빛과 바람 이슬 눈이 부시다
이제 뇌성도 번개도 비껴간다
이 썩은 내 몸을 파고들어 꿈틀거리는
많은 곤충과 애벌레들을 보며
사뭇 설렘이 두근거림이
눈물 나게 고맙다
허무하지 않았다
덧없지 않았다 숱한 나날들
원망이 무언지도 몰랐다
비가 오면 빗물이 좋았고
찬란한 햇살에 감홍하면서
온갖 새들의 노래 따라 불렀다
작은 짐승들이 둥지를 틀고 새끼를 칠 땐
가지와 이파리들이 얼마나 부산을 떨었던가
내 몸이 낡아가는지도 몰랐지

동갑내기들 다 떠나고 나만 남아서
아득히 지난날들을 뒤돌아보노니
허무하지 않았다
덧없지도 않았다

장승

천하대장군
지하여장군

짓궂은 형상들 저편
나무를 깎아 만든 이의 심상을 헤아려본다

마을의 염원과 안녕을 담은
정성 어린 손길이
역병을 물리치리라는 기원이
첫인상을 친근하게 바꿔놓았다

살아서나 죽어서나
통나무일 뻔한 운명이

마을의 안녕을 지키는
귀물이 되어 서 있다

성장통

모든 나무의 속은 존재의 성장통
나무의 거죽, 그 껍질은
모체의 본질이다
나무는 죽을 각오로
세상과 맞서며 금이 간다
때론 화해도 하면서 매서운 겨울마다
얇은 죽음을 우툴두툴 덧입는다
나무의 껍질에는
바람의 형상과 상징이 있고
번뜩이는 찰나의 주문이 있다
산중 곳곳 오래된 나무엔 지금도
암흑을 몰고 오던 흔적
불운의 침략이 있다
야생의 발자국들을 입고 나무는
그 누구도 엿볼 수 없는
결과 살빛을 오래오래 갈무리한다

감람나무

사철 초록 불꽃들이 하늘을 향해 타오르고 있다
가지에서 새 가지들이 뻗어 나오고
뿌리에서도 가지들이 쑥쑥 솟는다
다윗의 막대기가 되는 가지와
지팡이가 될 뿌리에서 자란 가지들
감람나무는 지칠 줄을 모른다
그 어떤 장애물도 겁이 나지 않는다

거친 땅이나 눈 속에서도
키 크고 의연한 상록 감람나무
그의 봄은 수천수만의 희망과 풍요
기쁨의 벌들 곤충들이 달콤하고 황홀한
꿀 비행으로 먼 바다를 건너간다
노아의 홍수에서도 살아남은 인내와 그의 수명은
가히 나무 중의 나무다

철 따라 아름다운 심성으로 높고 넓게 우거져
봄엔 황백색 꽃들이 여름에는 무성한 그늘 드리워

노곤한 부채들을 잠재운다
탱글탱글 잘 여문 열매들을 누구나 거둬들이게 할
감람나무가 있다

가지

팔을 벌려 사방을 정탐한다
온 누리를 두리번거리며
한순간도 마음을 놓지 않는다

해충이나 역병이 돌지나 않을까
넝쿨손들이 허락도 없이
기어오르지나 않을까
층층 디딤발을 올린다

거센 바람의 습격으로
언제 꺾여나갈지 모르는 운명을 지고
몸통이 병들거나 가뭄이 들면
스스로 떨켜가 되어
떨어져 나간다

매 순간 슬픔을 안고 사는 생에도
나비와 새의 날개 같은
웃음 가득한 이파리들을 매달고

노래 부른다
푸르디푸른 가지의 노래를

차가버섯

뽀얀 백의를 입으시고
안으로 검붉은 고뇌를 감추시고
혹한과 혹서,
그 엄한 시간을 내뿜은
차가버섯

저녁노을인 듯
삶의 애환도 깊어라

그 상징과 형상은
나무의 몸체와 일생 함께한
차마 도려내지 못한 흔적이리

자작나무의 훈장 같은 뭉텅한 흉터
덩어리 뜨겁게 우려내면
위로와 치유
소원한 관계를 환유(歡遊)시켜주지

안으로 굳어버린 고뇌를 안고
상한 살을 뭉뚱그려 내어놓은 차가버섯,

아름다운 나무의 심중이 가없다

정글에 별이 들다

삼성동 빌딩 숲 사이
도시 정글 속에서
살아남아야 하는 사람들
한 마리 하이에나가 되어
도시공항철도를 오가고 쇼핑몰을 가로지르며
정글을 누빈다

노거수처럼 높이 서 있는 책들
코엑스몰 별마당 도서관
오래된 나무들의 속살이 가득하다
황량한 사막의 샘물 같은 곳
콘크리트 정글에서 만난 휴식처 여기 있다

서성이며 기웃거리는 책표지들
정글에서 이정표를 만난 듯 반갑다
잠시 치열한 삶을 접어두고
책장을 넘기고 와이파이망을 타고
정보의 바다를 항해한다

우주의 소리가 들려온다

눈을 들어
숨을 깊이 들이마신다
한 마리 하이에나가 숨 쉴 곳을 찾는다
꿈이 내려온다
정글에 별이 든다

바래봉 철쭉

화염 덩어리 바래봉 철쭉을 보라
숨쉬기조차 벅찬 꽃불
폭죽을 터뜨려놓았구나

네 끓는 피에 하마터면
화상을 입을 뻔했다

어쩌랴
나도 한때 폭발하는
내 열기에 데인 흉터가 있거늘

철쭉, 진홍색 사랑의 꽃을 피워
활활 타오르고 있다

데인 내 몸의 흉터는 삶에
그럴싸한 자양분이 되었지

오월 한 달

활활한 꽃잔치 속에 나도
꽃불이 되어 온 산을 누비리라

고맙습니다

빵 한 개의 고마움을 알면서도
당신의 고마움은 왜 몰랐을까요
아버지 없는 것이 부끄럽기만 했습니다
왜 부끄러워야 했는지 지금도 모릅니다
살아가면서
울고 있을 때 곁에 서 있기만 해도 고마웠고
쓰지 않을 무임승차권을 쥐어준 손이 고마웠고
갑작스런 빗물을 받쳐준 우산이 매우 고마웠는데
나를 낳아준 고마움은 왜 그토록 몰랐을까요
늦었지만 너무 많이 늦었지만
고맙습니다 아버지 저를 낳아주셔서
아비 없는 자식이 어떤 건지도 모르고
꽃 한 송이 달아드리지 못한 아버지의 고명딸,
아버지— 하면 서러움만 쌓여서
어머니 뱃속에 있는 막냇동생만 생각이 나서
그리움이 시가 되어서
이제야 간신히 철이 들었나 봅니다

해설

생명의 연쇄(連鎖)와 융화(融和)의 시학

백인덕 시인

1.

굳이 인류라는 거창한 이름을 내걸지 않더라도 반복하는 대표 표상으로 우리의 삶을 돌이켜볼 때, 하나의 대상에서 거의 보편적이라 할 만큼 큰 혜택을 받게 되는 경우는 '나무'가 거의 유일할지도 모른다. 상식 수준에서 생각하더라도 나무는 인간의 생명 활동에 필수적인 공기와 흙과 물 세 층위에 모두 관여하는 특별한 존재다. 이것은 과학적 증명에 앞서 감각적 인지를 통해 느낌으로 파악할 수 있었던 사실이었다. 유사 이래 존재했던 거의 모든 문화에 세계의 기원, 또는 인간의 탄생과 관련하여 '우주목(宇宙木)'의 신화나 전설이 빠짐없이 등장한다는 것이 이런 사실을 반증한다.

그동안의 시작(詩作) 활동에서 나무, 아니 '산림(山林)'에 대해 각별한 애정을 보여주었던 주로진 시인이 앞의 내용을 몰랐을 리는 없을 것이다. 오히려 시인은 '사과나무'라는 하나의 상징적 창(窓)을 통해 창세의 신화에서 현대의 기술 혁신까지를 아우르는 장대한 서사를 보여준다.

백설공주에게 독사과는
마녀의 욕망과 질투였다
아프로디테가 받은 황금사과
권력과 사랑 사이의 갈등을 낳고
증오와 전쟁을 일으켰다
솔로몬에게 사과나무 그늘은
첫사랑이 잉태된 곳이다
파우스트는 발푸르기스의 밤 사과나무 정원에서
사랑과 행복에 젖는 꿈을 꾸었다

황제의 상징인 제국의 사과
절대권력이고 권력의 무상함이기도 하다
빌헬름 텔 아들의 머리 위의 사과는
부자간의 믿음과 용기의 화살로서
자유와 독립을 쏘아 올렸다

뉴턴은 떨어지는 한 알의 사과에서 만유인력
우주의 질서를 깨달았다
내일 세상의 종말이 온다면 오늘 사과나무를 심겠다는
루터에겐 신을 향한 인간 본질의 회복이다

음악의 한 시대를 갈랐던 비틀즈의 풋사과,
애플은 한입 베어 먹은 사과로 산업의 혁명이 되었다
잡스가 정원에 심은 사과나무는
세상을 바꾸려는 갈망, 새로운 질서를 꿈꾸는 도전이었
고
무한 네트워크 세상에서 새로운 연결이고 관계이다
—「사과나무」 부분

이 작품에 등장하는 '사과(사과 → 사과나무 → 나무의 계열)'는 말 그대로 종횡으로 인류의 기원과 역사를 대표한다. 등장하는 형식도 다채롭다. '백설공주의 독사과'와 '빌헬름 텔 아들의 머리 위 사과'처럼 동화를 비롯하여 '아프로디테의 황금사과'와 '솔로몬의 사과나무 그늘'처럼 신화, 또는 영웅적 이야기에서 '뉴턴'과 '루터'의 과학과 신앙(종교)에 관련된 일화를 거쳐 현대 대중문화의 상징인 '비틀즈의 풋사과'와 '애플의 한입 베어 먹은 사과'까지 역사적 변곡점의 상징으로 손색없이 등장한다. 하지만 이 작품이 이렇게 종적인 연쇄만을 보여주었다면 비슷한 사례의 진열, 나열로 치부되고 말았을 것이다. 시인은 특유의 감각과 시적 인식을 기반으로 인간 이해의 횡적 축 하나를 이 작품에 날실로 기입한다. 인용에서는 제외되었지만 작품의 1, 2연에 등장하는 기독교 창세기 신화의 '선악과' 이야기와 마지막 연의 애플로 대표되는 이른바 ICT (Information & Communication Technology) 혁명의 비전까지 등장한다. 이 부분이 더욱 의미심장한 이유는 선악과 이야기가 현대의 정신분석학조차 포섭하지 못하고 있는 인간의 자유의지와 관련한 상징이라는 점과 현 시대의 아이콘(Icon)이 거의 무의식에 가까운 현상이라는 점을 대비적으로 보여준다는 점이다.

물론 대상(사과나무)의 압도적인 의미와 과도한 용량 때문에 주로진 시인의 시상(詩想)이 전혀 위축되지는 않는다. 가령 다른 작품 「생명의 나무」를 보면 이를 쉽게 확인할 수 있다. 시인이 밝힌 바대로 이 작품은 클림트의 대표작, '생명의 나무(The tree of life)'를 차용했지만, '기대와 성취'라는 그림의 표상 의미를 "한 자루의 촛불이 우주의 끝에 매달릴 때/온 생명이 찰나로 부서지는,/환희의 절정"으로 바꿔놓고 있다. 즉, '생명의 연쇄'라는 보다 높은 차원에서 그림에 대한 시적 감흥을 풀어내는 것이다.

간략하게 살펴보았지만, 주로진 시인의 이번 시집 『나무들의 권리장전』은 나무가 표상하는 생명 현상의 보편성에 주목

하면서 문명 또는 미래라는 미명 아래 지난 잘못을 자꾸 되풀이하려는 인간의 문제를 표면에서 심층에 이르기까지 하나하나 들춰내고 있다. 이를 위해 때로는 나무를 의인화하고, 또 어떤 경우에는 나무에 직접 감정이입하면서 그 두 존재의 분리불가능성과 융화를, 시인 개인 차원에서는 회복불가능하다는 사실을 초월하여 자기의 기억과의 자연스런 융화를 끊임없이 시도하고 있다. 따라서 이어지는 글에서는 이 두 양상을 시인의 안내에 따라 감상(鑑賞)하는 자세로 따라가 보기로 한다.

2.

굳이 따져 묻지 않아도 나무가 먼저고 인간이 나중이다. 따라서 나무를 인간에 비유하는 것보다 인간을 나무의 형상과 속성에 의지해 이해하는 편이 더 자연스럽다. 그러나 현대인에게 그런 시각은 점점 설득력을 잃고 있다. "천지 창조로부터 인간을 고립시켰던 서양의 휴머니즘은 인간에게서 보호색을 박탈해버렸다. 그 순간부터 인간은 자신의 능력의 한계를 알지 못하게 되고, 스스로를 파괴하기에 이르렀다"는 C. 레비스트로스의 말처럼 (나무에만 한정하자면) 더는 '보호색'이 되지 못하고 '도구적 사물'로 격하되어 쓸모의 있음/없음이라는 냉담한 기준 앞에 서게 된다.

물길과 소리의 집을 떠돌던
낡은 나룻배와 피아노
마을 앞 나무 아래 마주하고 있다
도도히 흐르는 강, 육지에 세워진 가옥
서로 다른 길 위의 떠돌이들이었다
숲에서 헤어졌던 저들이
언제 어떻게 다시 만나 무성한
어른 나무 넓은 뜨락에 들었는가
수많은 뮤지션들의 고뇌와 사랑을
울고 웃게 했을 희고 검은 건반들,
노를 맥없이 내려놓은 나무배는
온갖 바람을 실어 나르던
그 시간도 잊은 듯 고요하다
단 한 번도 동거할 수 없었을 저들에게
격정의 계절은 얼마나 뜨거웠을까
미움과 절망의 밤은 또 얼마나 더디었을까
이들을 내려다보고 있는
팽나무의 넉넉한 시선이 안연하다
나룻배와 목관악기 피아노
두 길의 끝이 맞닿아 있다

—「나룻배와 피아노」 전문

지금 이 순간, 반성적으로 주위를 둘러보면 나는 온통 나무를 소재로 한 제품들에 휩싸여 있다. 바로 눈앞과 등 뒤를 가득 채우고 있는 온갖 책들이 그렇고, 어제 종일 컴퓨터로 작업한 내용의 출력도 종이로, 방금 사용한 화장지, 아 지금 막 피워 문 담배마저 종이에 싸여 있다. 생명과 종적 연대(뿌리에서 우듬지 끝 잎까지)를 느낄 수 있는 나무는 단 한 그루도 만나지 못하지만 나는 나무의 잔해 속에 파묻혀 있다. 하지만 주로진 시인은 이런 현상을 시인 특유의 따스하고 정감 어린 시선으로 다른 각도에서 문제를 제기하고 있다.

시인은 온갖 정념이 펼쳐지는 자리(場)를 세심하게 고른다. "숲에서 헤어졌던 저들이/언제 어떻게 다시 만나 무성한/어른 나무 넓은 뜨락에 들었는가"라고. 그 어른 나무는 '안연(晏然)'한 시선을 소유한 '팽나무'다. 나룻배가 되었든 피아노가 되었든 본래 나무였던 두 존재는 '넓은 뜨락'과 '넉넉한 시선'으로 표상되는 후반기의 생을 나무로 살아보지 못했을 것이다. 따라서 나룻배가 실용적인 목적으로 쓰였고 피아노가 창조와 미학적인 목적으로 사용되었을 것이라는 '차이'는 자기의 나머지 생을 본래가 아닌 어떤 용도로 떠돈 두 존재에게서는 저절로 '무화(無化)하고 만다. 동병상련인 것이다. 마지막 연의 "나룻배와 목관악기 피아노/두 길의 끝이 맞닿아 있다"는 판단은 단지 나무라는 대상에 대한 지각에 의한 인지 판단에서 멈추지 않는다. 이런 생각은 (뒤에서 살펴보게 되겠지만)

생명 있는 것, 즉 나무의 유비로서 '나'에 대한 인식으로까지 확장한다. 어쩌면 시인이 그토록 나무를 오브제 이상의 차원으로 호명하는 이유가 여기에 있을 것이다.

눈 밝은 독자들은 이미 간파했겠지만, 시인이 그려내고자 하는 나무는 '보편적 개념'으로 백과사전이나 식물도감에 표본으로 실리고 해설이 덧대지는 그런 나무가 아니다. 개개가 살아있는 생명이며 더불어 숲이 되는 그런 존재를 호명하고 또 나무의 부름에 시인은 기꺼이 응답한다. 생명이라는 매개를 통해 인간과 나무는 서로를 확장, 확산해야 한다는 것이다. 먼저 시인은 나무의 일생에 대한 자신의 꼼꼼한 관찰 결과를 시의 언어로 바꾼다. 이번 시집의 절반 가까이가 이와 관련하므로 제목을 통해 시인이 생각하는 나무의 일생을 유추할 수 있는 뼈대만 살펴보기로 한다.

먼저 '씨앗'의 단계는 수종(樹種)을 달리하지만 「산밤나무」, 「한 알의 씨」(상수리) 등 → 「실뿌리」 → 몸통은 형상을 달리하여 「목화석」, 「탄화목」으로 다시 「차가버섯」으로 연상이 이어진다. 이어 「가지」와 「이파리」 → 「우듬지」로 시인의 눈은 계속 나무를 좇아 '천 년 묵은 고목'의 「새순」을 지나 형상을 바꿔 의미를 가중한 「한 권의 책」이나 「장승」에까지 이른다. 나무의 일대기가 거의 완벽에 가깝다.

이 꼼꼼한 관찰과 (시로 형상화된) 기록은 주로진 시인의 나무에 대한 지대한 관심과 열정을 보여주는 작은 증거에 지나지 않는다. 시인은 4편의 「소나무 칸타타」 연작에서 나무를 의인화하여 역사적 사건의 치유, 구체적으로는 방화로 인해 소실된 '숭례문'의 복원 작업에 사용된 '송강리 적송'의 입을 통해 나무가 인간에게 주는 놀라운 치유의 힘을 생생하게 보여준다. 또 그에 상응하는 시인의 바람을 "이제 유려한 숭례문으로 환생하였습니다/한 그루 한 그루가 모여 이룬 완벽한 성채/둥그런 기둥과 대들보 서까래들/날아갈 듯한 처마의 기상은 또 얼마나/화려하고 힘찬 아름다움인지요/찬란한 역사의 채색 옷을 입고/정토의 세계에 들어/영원을 사는 복록을 누리소서"(「소나무 칸타타—환생」)라는 축문(祝文)으로 만천하에 공표한다.

3.

굳이 강조하는 것은 사족이겠지만 주로진 시인의 나무에 대한 관심은 자연스레 넓고 깊어져서 현 생태계 전반의 전 지구적 위기라는 인식에까지 미친다. 이에 대응하여 시인은 새로운 '권리장전'을 공표한다. 인간이 생명 앞에서 다시 명예롭게 자신의 의무를 새삼 자각하기를 바라는 것이다. 5편의 「권리장전」 연작은 부제마다 그에 따른 권리를 각기 선언한다. '흙'에서는 '농약과 전착제'의 횡포에서 벗어나 "나에겐 쉴 권리가 있"음을, '공기'에서는 "인간이 숨 쉴 곳을 만들어주는 것이/나의 의무"임을 선언하고, '바다'에서는 "나는 쓰레기 플라스틱을 먹지 않을 권리가 있"음을, '강'에선 "내겐 맑은 물을 가질 권리가 있다"는 것을, 'GMO'에서는 "결국 너희의 염색체를 손상시킬 것이다"는 경고를 적시(摘示)한다.

앞의 선언과 경고는 인간이 스스로 보호색을 벗어버린 후 본질적으로 세계가 변했고, 그 변화의 방향에서 나무로 대표되는 자연과의 '융화'가 깨졌다는 인식을 기반으로 한다. 그래서 시인은 자기 삶의 먼 기억을 통해 그런 사태의 진전을 훼방하거나 작게라도 복원하려는 의지를 시집의 몇몇 작품들 속에 숨겨 내비친다.

옛집 울타리 참깨죽나무는 고명딸 시집보낼 때 예쁜 장롱을 짜주려고 아버지가 심은 나무다. 해마다 가지에 깃들어 집을 짓고 새끼를 치는 다가새, 나의 옛집은 다가새와 참깨죽나무와 함께 자라난 집이다.

막냇동생이 대여섯 살 때쯤, 한번은 학교에서 돌아오는데 다가새 부부가 높은 깨죽나무 위를 이리저리 뛰어다니며 동네가 떠들썩하게 울부짖고 있었다. 어린 남동생은 새 새끼를 찾아오라고 땅을 뒹굴며 떼를 쓰고,

다가새 부부와 우리가 집을 비운 사이 시망스런 동네 아

이가 갓 눈뜬 새끼들을 꺼내간 것이다. 나는 울상이고 형들이 그 애 집을 찾아가서 새 새끼를 둥지에 얹어 주고서야 동생도 어미아비 다가새도 조용했다. 저녁노을이 눈부신 날이었다.

단단하고 속살이 빠알간 무늬의 나의 참깨죽나무는 그 때 이후 아버지가 돌아가시고 덩실하던 새 둥지도 다시는 다가새를 불러들이지 않았다.

—「다가새와 참깨죽나무」 전문

사실 '참깨죽나무'가 '예쁜 장롱'을 짜기에 가장 좋은 목재인지 아닌지는 그다지 중요하지 않다. 실상 중요한 점은 시인의 유년의 집 '울타리'가 참깨죽나무였고 그 나무는 아버지가 '고명딸'과 오래오래 살아가게 될 거라는 기대와 성취의 약속이었다는 점이다. '시집', '장롱' 등의 시어는 훗날을 약속하는 어휘들이다. 이 기대감은 자연스레 찾아든 '다가새'에 의해 일종의 환희로 바뀐다. 그 이유는 '다가새'가 참깨죽나무에서 새끼를 낳아 잘 기르고 있기 때문이다.

분명히 시인이 겪은 유년의 상실이 '아버지' 대신 그 자리에 '참깨죽나무'를 들어서게 했던 것으로 보인다. 이는 다른 작품, 「깨죽나무」에서 "내 어린 날은 이렇게/무늬와 향기가 빼어난/한 종의 나무에 머물고/갑자기 어른이 되어 울지도 못했다"고 심경을 토로하는 데서 확인할 수 있다. 여기서 '어른'은 아직 '어른'이 아닌데 그것은 '철'이 덜 든, 즉 시간의 경과에 의해 주어진 수동적인 이름에 지나지 않기 때문이다.

빵 한 개의 고마움을 알면서도
당신의 고마움은 왜 몰랐을까요
아버지 없는 것이 부끄럽기만 했습니다
왜 부끄러워야 했는지 지금도 모릅니다
살아가면서
울고 있을 때 곁에 서 있기만 해도 고마웠고
쓰지 않을 무임승차권을 쥐어준 손이 고마웠고
갑작스런 빗물을 받쳐준 우산이 매우 고마웠는데
나를 낳아준 고마움은 왜 그토록 몰랐을까요
늦었지만 너무 많이 늦었지만
고맙습니다 아버지 저를 낳아주셔서
아비 없는 자식이 어떤 건지도 모르고
꽃 한 송이 달아드리지 못한 아버지의 고명딸,
아버지— 하면 서러움만 쌓여서
어머니 뱃속에 있는 막냇동생만 생각이 나서
그리움이 시가 되어서
이제야 간신히 철이 들었나 봅니다

—「고맙습니다」 전문

비로소 '어른'이 되게 한 자각의 계기가 위 작품에 오롯이 들어 있다. 숱한 "그리움이 시가 되어서/이제야 간신히 철이 들었나 봅니다"라는 고백은 시가 시인의 내면적 성장에 얼마나 기여했는지를 짐작케 하면서 동시에 이번 시집에서 확인할 수 있듯이 시인의 나무에 대한 관심이 또한 자신의 내면 상처를 치유하는 한 방법이었음도 같이 드러난다.

똑 똑 걷는다
눈이 없어도 길잡이가 되어 걷는다
입귀가 없어도 길동무가 되어 걸어간다

그는 곁다리 발이다
그러나 혼자서는 걸을 수 없다
힘이 다하여 두 발로도 걷지 못하는
그런 다리를 위한 외발이다

아득히 먼 길
굽은 허리와 마지막 동행을 한다
저물녘 귀퉁이 길의 길잡이,
전생에선 한 발짝도 떼지 못한 나무였다

나무지팡이

늙으신 어머니 보폭보다

똑, 똑, 한 발 앞서 간다

―「지팡이」 전문

이제 시인은 "나룻배와 목관악기 피아노/두 길의 끝이 맞닿아 있"(「나룻배와 피아노」)는 것도 보았고, "사원과 마구간/성찰과 예지가/같은 하늘에 떠 있"(「구유」)는 것도 보았다. 이런 발견에 덧붙여 시인은 드디어 혼자서는 걷지 못하는 나무가 '곁다리 발'을 끌고 "나무지팡이/늙으신 어머니 보폭보다/똑, 똑, 한 발 앞서" 가는 것까지 볼 수 있게 되었다. 여기서의 앞선다는 것은 아무 의미도 형성하지 않는다. 다만 나무지팡이는 늙은 어머니와 의지해서 동행할 뿐이다. 이 형상에서 시인은 자신의 '융화의 시학'을 결정(結晶)하고 있다.

이 모든 것들이 '나무들의 권리장전'이자 그 나무 곁에서 더불어 사는 '인간들의 권리장전'이다. 또한 모든 '자연 사물들의 권리장전'임을 주로진 시인은 육화된 언어로 보여주고 있는 것이다.

이 도서의 국립중앙도서관 출판시도서목록(CIP)은 서지정보유통지원시스템 홈페이지(http://seoji.nl.go.kr)와 국가자료공동목록시스템(http://www.nl.go.kr/kolisnet)에서 이용하실 수 있습니다.(CIP제어번호: CIP2020024879)

문학의전당 시인선 0326

나무들의 권리장전

초판 1쇄 인쇄 2020년 6월 13일
초판 1쇄 발행 2020년 6월 20일
지은이 주로진
펴낸이 고영
책임편집 이리영
디자인 헤이존
펴낸곳 문학의전당
출판등록 제448-251002012000043호
주소 충북 단양군 적성면 도곡파랑로 178
전화 043-421-1977
전자우편 sbpoem@naver.com

ISBN 979-11-5896-472-6 03810